별빛으로 만난 행복

별빛으로 만난 행복

하탁례 시집

계간문예

| 시인의 말 |

인생은 빛과 그림자로 만들어간 길인가 봅니다.

인생은 끊임없이 좋은 삶과 사랑을 위해 기쁨과 슬픔을 보듬으며 이루어 나가기 때문입니다.

어린 청춘이 뛰놀 때는 논두렁 밭두렁 길을 걸으며 떠가는 구름, 스쳐가는 바람, 아련한 워낭소리에도 꿈과 소망을 띄워 보냈습니다.

불타는 청춘이 숨찰 때는 검은 아스팔트길을 걸으며, 욕심으로 얻은 희열도 회색빛 아픔도 보듬으며 치열한 삶의 노래를 불렀습니다.

오래된 청춘이 노을 진 오솔길을 걸으며 익어간 인생에게 사랑하고 감사하며, 그 동안 부르고 싶었던 「별빛으로 만난 행복」의 노래를 세상에 내놓습니다.

인생의 길목에서 「별빛으로 만난 행복」의 노래를 함께 부르고 위로받으며, 예쁜 소망을 키워 갔으면 좋겠습니다.

나의 첫 시집이 탄생하도록 가르침과 용기를 주신 사랑하는 모든 분께 깊이 감사드리며, 더욱 정진하겠습니다.

2015년 11월

하택례

차례

제1부 별빛으로 만난 그대

제2부 삶

제3부 마음 그대로의 사랑

제4부 산은 말하네

제5부 희망

1
별빛으로 만난 그대

인생

나는 누구인가
어떻게 살 것인가

인생은 자신의 각본대로
연출도 하고 주연도 하는
단 한 번의 공연장

불확실의 시대에
확실한 삶을 위해
스스로 채찍질하며
걷고 뛰는 전쟁터

누구에게도 책임 전가할 수 없는
의지로 일궈 낸 열정의 결과물이기에
더 이상 여백 없이
써내려간 백지 한 장

인생은 삶의 고통과 성취감의
황홀한 감옥.

별빛으로 만난 그대

마음 깊이 새겨진 언어의 집을 짓기 위해
밤하늘 영롱한 별빛으로 만난 그대

수많은 별들의 속삭임
알 수 없는 바람소리는
내 마음 속에
보이지 않은 언어가 되어
선잠 풋잠 토막잠 속에
그대와 함께 향기 피우며
도란도란 시로 수놓는 밤

소중한 인연
언어의 집을 함께 지어가는 행복한 순간
살며시 펴면 멀리 날아 갈까봐
오늘도
손에 꼭 쥐어봅니다.

길

삶은 길에 흔적을
남기는 거라네

어린 청춘이 마구 뛰놀 때
흰 구름에 꿈 띄우고
행운을 물고 올
강남 갔던 제비 기다리며
워낭 소리에 가난이 숨 쉰
논두렁 밭두렁 길이었네

불타는 청춘이 숨차게 뛸 때
치열한 삶의 광장에서
욕심이 얻는 희열도
회색빛깔의 아픔도 있었던
검은 아스팔트길이었네

오래된 청춘이 노을 진 햇살에
무거운 짐 내려놓고
감사기도 드리며

어느 숲 속에서 찾은
무늬 고운 새와 함께
부르고 싶은 노래
춤추고 싶었던 몸짓으로
향기 가득한 오솔길을 걷네

인생은
험하고도 아름다운 길인가 보네.

멋진 삶

죽음은 한순간
삶은 많은 순간의 연속이라네

아름다운 삶은
할 수 없다는 아쉬운 포기보다는
할 수 있지만 비우는 마음으로
내려놓을 수 있는
깊이 성찰한 마음이라네

영원한 삶은
욕심 부리며 마구 사는 것이 아니라
하고픈 일할 때 기쁨
가고픈 길 갈 때 행복
가득한 시간이라네

멋진 삶은
비어 있는 공간을
사랑과 감사함으로 채워가며
오늘을 마지막처럼 사는 것이라네.

아침 바다

지난 날 아픈 상처
몰래 멍든 가슴
어둠에 부셔버리고
찬연한 아침을 여는
하얀 파도

수평선을 가르며
붉은 소망 담고
하얗게 춤추며
다시 일어서는
부활의 바다

내 영혼을
일깨워 준 아침 바다
너를 사랑한다.

봄노래

봄이 오면
마음껏 욕심 부리고 싶어요

봄비 되어
마른 가지 움츠렸던 뿌리에
사랑의 기운 전해
떨리는 마음으로
기지개 펴게 하고 싶어요

봄꽃 되어
가지마다 빨강향기
이파리마다 파랑향기
씨앗마다 노랑향기 뿌려
그리움 키워
사랑을 익혀 가고 싶어요

봄 벌레가 되어
따스한 햇살 안고
사랑 찾아 삶을 일궈가는

희망노래 마음껏 부르고 싶어요

봄바람 되어
피어난 나뭇가지 짙은 꽃향기
풀벌레 노래에 취해
가보지 못한 세상
해보지 못한 사랑
마음껏 하고 싶어요

그러기에
오는 봄
가는 봄은
조금씩 흔들리며
성숙해 가는 계절인가 봅니다.

안개꽃

하얀 안개꽃으로
살게 하소서

어두운 세상 절망의 시간
세찬 바람이 불 때마다
보이지 않는 흔들림
밝은 마음 은혜의 기도로
기쁜 삶의 꽃 피우게 하소서

말없이 떠다닌 세월
가슴 저린 순간
사랑이 목마를 때마다
겹겹이 쌓인 그리움
살랑 거린 바람 되어
그대 가슴 속
꿈꾸는 예쁜 꽃으로
어우러져 살게 하소서.

어머니의 손

어머니의 손은 바쁜 손
날마다 삼시세끼
식구들 먹거리 맛내는
요리사의 손

아들 딸
머리 열날 때
물수건 덮고
배 아파할 때
쓰다듬어 잠재운
따스한 약손

메마르고 갈증 난 논밭에
씨앗 뿌려 풍성한 알곡식 거두는
희망 키운 손

어머니의 손은
시들지 않는 손
고단한 만능 손.

파도의 꿈

큰 소리로 몸부림쳐 부서지고
오늘을 노래하는 파도

태양을 업고
한여름 내내 달궈진 그리움
모질게 아련해온 슬픔
모래 속에 감추고 춤추는 파도

삶의 길목에서
채울 수 없는 빈 자리
바다와 포옹하며
쉼 없이 새 세상으로
나아가는 파도

애틋한 하얀 파도
밀물 썰물에 꿈을 실어
소망을 재촉하는
은혜의 바다로 살아가리라.

들국화

찬바람에
숨 죽이고 있을 때

진한 향기 뿌리며
외로운 들길에 피는 꽃
화사하지 않아도 청초한 자태
된 서리에도 꺾이지 않는 고고한 마음
외롭고 고달플 때
함께 한 연인이어라

그 품안에
둥지 틀고 살아가리라.

기도 · 1

전지전능하신 주님
당신은 믿음 소망 사랑이십니다.
인생은 정신없이 뛰는 경주가 아니라 생각하고 음미하는 여행이라고 말합니다.
그러나 내일이 없는 것처럼 쉼도 없이 뛰며 힘들고 각박하게 살면서, 어떨 때는 미래가 보이지 않는 절망으로 낙심하고 원망스러워 모두 포기하고 싶을 때가 있습니다.

은혜로우신 주님.
우리가 아무리 많은 것을 알고 있다 해도 한치 앞도 보지 못한 미약한 존재입니다. 당신이 주신 지혜와 용기로 희망찬 미래를 찬미하고, 고비 고비마다 맺힌 매듭을 슬기롭게 풀 수 있는 기다림 속에 넘치는 믿음의 지혜를 알게 하여 주소서.
세상에 철들어 가면서 어떻게 사는 것이 참 소망인가를 생각하게 됩니다.
왜 무엇을 위해 이렇게 빡빡하고 허덕이며 짜증스럽게 살아온 것일까요.
아집에 찬 말과 행동이 가까운 사람들을 힘들게 하고 불행하게 하지 않았는가를 생각합니다. 좀 더 기쁘고 지혜롭게 살지 못했던가를 반성하게 됩니다.

자비로우신 주님

어두웠던 마음과 쇠약해진 몸으로 삶이 허무하거나 후회로 쓰러지지 않게 하시고, 따스한 말 한 마디 온유한 눈길을 나누어 자비와 겸손으로 충만한 소망을 갖고 살아 가게해 주소서. 가파른 생명 길에서도 잃었던 소망을 일깨워 세상은 아름답고 향기로워 살만한 가치가 있다는 것을 깨우쳐 주시옵소서.

세상을 살아 온 길목에서도 당신의 사랑을 알지 못하고 헤매기도 했습니다.

좋은 날 힘든 날 더 큰 성공을 위해, 더 많은 부를 얻기 위해 이웃들과 갈등하고 부딪치며, 미워하고 아파하며 베풀지 못하고 살았습니다. 그 뿐만 아닙니다. 그것은 내 탓이 아니라 전부 남의 탓으로 돌리며 불평했습니다.

사랑이 많으신 주님.

그 것은 내 탓이었습니다. 그 것은 나에게 사랑이 없었기 때문이었습니다.

당신의 사랑이 가득 찬 마음과 배려로 작은 희망의 씨앗을,

슬픔을 삭이는 용기를, 아픔을 치유하는 향기로 미소 짓고 진실한 말 한 마디 건네며 더불어 함께 살게 하여 주시옵소서.

존귀하신 주님.
하늘의 문을 열고
축복의 응답을 내려 주시옵소서.

사랑 · 1

진실한 사랑은
평탄하지 않는 것이네

사랑은
시공간을 초월해
과거 현재 미래를
함께 묶는 것이네

남자는 첫 사랑을
기억에 남기고
여자는 마지막 사랑을
가슴에 담는 것이네

그래서 사랑은
동그라미 도는
끝없는 미로라고 하네.

고향

역사의 빛이 머물고
추억이 춤추는 고향

국가위기에서
백제 계백장군과 오천 명 결사대가
나당연합군에 싸웠던 함성소리가
바람으로 들려오네

아내와 자식이 적군에
노비로 잡혀 욕보기 보다는
차라리 죽는 것이 낫다하여
처자를 죽이고 전쟁터로 나갔던
계백의 비장한 애국심은
비가 되어 황산벌에 내리네

황산벌에 계절 바람이 불고 구름이 떠가면
예쁜 꿈을 노래했던 나물 캐는 소녀
여울물에 미역 감으며 물장구치던 동무
신작로 따라 붉게 익은

복숭아 딸기 서리하던 친구들
지금은 어느 하늘 아래서
그날들의 구름을 찾고
별을 따고 있는지 그리워 지네

땀 냄새로 가득했던 살림살이
자식들 위해 도란도란 불 밝히신 던 어머니
토담집 굴뚝 하얀 연기에 청순한 인심이 넘치고
우국충정의 참뜻이 빛나는
내 고향 논산이라네

지금은 변화의 물결로
메마른 회색도시로 변해버린 고향이지만
오랫동안 찢겨진 삶에서도
고향 떠나 올 때 묶어 둔 고향 향기는
내 곁에서 숨 쉬고 있네.

그대가 있어 행복합니다

인생은 아름다운 인연으로
꽃 피울 수 있습니다

소리 없이 다가 온
좋은 인연,
삶의 의미를 일깨워 준 그대

삶이 힘들고 지칠 때
평안한 가슴으로 다가와
따뜻한 위로와 소망을 준 그대

메마른 가슴이 눈물 흘릴 때
푸른 소나무 되어
손잡고 토닥거려 격려해준 그대

마음을 여는 수다스러움을 들어 주고
모든 허물 조용히 덮어주며
영혼의 향기를 준 그대

시공간 칸막이 있을 때
언제나 그 자리 연인봉 되어
그리움 가득한 미소 짓게 해준 그대

욕심 없는 풀잎 이슬처럼
여린 동심과 조용한 침묵으로
성숙한 삶을 살게 해준 그대

인생의 끝자락에서
마지막 다리 건널 때
좋은 만남의 여정

그대가 있어 행복합니다.

2 삶

바다의 교향곡

바다는 쉼 없는 아우성으로 교향곡을 부르네

삶이 기쁠 때
바다는
높은 음자리표
낮은 음자리표로
은혜의 기도, 사랑의 숨소리
삶의 배려에 감사하며 살라하네

삶이 고달플 때
파도는
푸른 아우성
하얀 목소리 합창으로
감추어둔 아픔 토해
답답한 마음 내려놓고
가득 찬 욕심 비우며 살라하네

오늘도 교향곡이 흐르는 바다로 가네.

빗방울의 추억

빗방울이 추억의 문을 두드리네

저만치 잊혀진
아버지의 호통
어머니의 자장가
정답던 음성들이
빗속에 걸어오네

무심히 흘려버린
형제들의 이야기
철없이 다투고
함박꽃 웃음으로
장난쳤던 기억들이
빗방울 되어 노래하네

오늘도, 보이지 않는 음성들
잡히지 않는 추억들
내 마음 울렁거리게 하네.

삶

삶이란 빛과 그림자
엮어야 할 사업이라네

삶은 주고 받으며
기뻐하고 슬퍼하며
미련의 주름살로
완성해 가는 과정이라네

삶은 더욱 참고 견디며
베풀고 즐기면서 살 수 있었는데
탓하고 후회하는 더덜거린 행로라네

행복한 삶은
너무 오래 살 것처럼
행동하는 것이 아니라
기다리지 않는 세월 사랑하고 베풀어
축복의 열매로
더 큰 삶을 즐기는 거라네.

산길을 걷는다

창밖의 작은 산길
가녀린 바람의 노래

눈 감으면 보이고
눈 뜨면 사라지는
그대 보고 싶어 걷는 산길

구름이 하얀 날갯짓할 때
듣고 싶은 목소리 대답 없고
나무 풀 사이에서 빙그레 웃고 있는
그대 만나고 싶어 걷는 산길

푸른 이파리에 뿌려진 환희
노란 단풍에 고요가 숨쉰 산길

꿈 심어 예쁜 꽃 활짝 핀
산길을 걷는다.

별 · 1

별들이
노니는 공간

청명한 밤하늘
펼쳐 흐른 은하수
견우와 직녀가
칠월 칠석 날 만나고
다시 헤어진다는
애달픈 사랑의 노래

꿈 많은 소녀의 마음
마구 흔들었던 아련함
별빛으로 만난 그대 이야기
또 하나의 전설이 되리라.

홍시

가을 하늘에 떠가는
한 조각 솜털 구름
그대에게 하고 싶은 언어들
띄워 보냅니다

흘러가다가
어느 하늘 아래
잘 익은 홍시 되어
그대 손에 떨어져
고운 비단결 사랑을
엮어가겠습니다

순간마다 손짓하는
그대를 위해서.

아침 햇살

어둠을 헤치고 하루를 여는 마음으로 북한산을 오른다. 고독에 떠는 나무 사랑에 열병 난 바람도 무지갯빛 되어 지친 삶에 쉼표 한 번 찍고 희망을 가진다. 새들도 하루를 열고 인내 가득 담은 열매들, 이름 모를 풀꽃 온몸으로 웃는다

아침 햇살은 말없이,
삶은 늘 아름다운 거라고 하얀 이마를 어루만져준다.

천리향 꽃

천리 밖에 있는 그대
보일 듯 보이지 않네요

보내고 싶은 사랑 노래
많고 많지만
목소리가 너무 작아
전할 수가 없네요

깊숙이 간직했던 사랑 이야기
보이지 않는 언어
향기로 풀어서
바람에 날려 보내요

그대는
향기의 길 따라
한 마리 노랑나비로 날아오겠지요.

노인과 어르신

인생은 생生 노老 병病 사死의 순리로 평생에 걸쳐 내 자신의 집을 짓는 과정 입니다. 오늘날 한국사회는 노인을 어르신으로 부릅니다. 노인은 꼬장꼬장한 고집불통으로 낙인 찍히고, 어르신은 인자하고 점잖으신 모습으로 높여진 느낌을 갖게 합니다. 본래 어르신은 남의 아버지를 높여 부른 말로 춘부장春府丈 혹은 춘당春堂이라 부르기도 했는데...

노인은 주는 것 없이 받기만 좋아하는 오래된 청춘, 더 이상 배울 게 없다고 생각하는 이, 듣기보다 말하기 좋아하는 이, 남의 일에 간섭하고 자기주장만 옳다고 우기며 상대를 가르치려는 사람이고,

어르신은 대가 없이 베풀기를 좋아한 오래된 청춘, 아직도 배울게 많다고 생각하는 이, 말하기보다 듣기를 좋아하는 이, 인내하며 상대의 얘기를 끝까지 경청하고 이해하려는 사람이랍니다.

인생은 어떤 사물로 인해 고통 받는 것보다는 그것을 받아들이는 관점의 차이로 더

큰 고통을 받는답니다. 노인이나 어르신의 의미 차이로 화

내지 않고, 인생을 사는

자신의 의미를 먼저 생각해 보는 것입니다. 인생은 그저 흘려보내는 것이 아니라

성실로 내용을 채워나가는 결과물이기 때문입니다.

단 한번 뿐인 인생

노인이라 하든 어르신으로 불려지든 그것이 중요한 것이 아니랍니다.

하루하루를 알찬 삶으로 채워가는 것이 지금 내가 존재해야 할 가치를 창조할 수

있기 때문입니다.

봄나들이

소리 없이 다가온 따뜻한 봄빛
바구니에 담으며 길을 걷습니다

새들의 합창 가까이서 들려오고
기다림과 설렘이 가득한 산등성이
연초록 꿈을 꾸는 삶의 집을 짓습니다

가슴에 스며드는 봄볕에
시들지 않는 꽃 피우고,
살랑거린 바람에
사랑이 열리는 소망을 키웁니다.

마음 떨리는 봄 교향곡 부르며
살아가는 의미를 찾습니다.

아침

무지갯빛 햇살이
녹여 만든 바람이
창문을 두드리네

행여나 그리운 얼굴인가
문 열어보면
밝은 미소로 인사하네

오늘도 떠오르는 태양에서
희망을 찾고
사랑하는 사람 맞이하는
평화스런 아침이라네.

미역국

두 아들 상급학교 진학 시키고
딸까지 보내기 버거워
입학시험 보던 날 미역국 끓여주신
미끄러지길 바란 하얀 마음
김이 되어 오른다

합격통지 받던 날
눈시울 적시던 모습
눈앞에 어른거린다

촛불에 희망 켜고
손 모아 자식들 잘 되기를
기도하신 어머니
가난한 삶속에서
참 사랑과 희생 한 솥 끓이셨다

어머니의 미역국은 뜨거운 삶,
내일의 소망을 여는 대문이었다.

좋은 사람

눈을 뜨면 햇빛 쏟아지는 창가
다정한 미소로 다가 온 사람
라일락 향기 피우며
나오라 손짓하네

마을 길 함께 걸으며
산등성의 초록 잔치
삶의 희망설계
사랑의 세레나데 부르며
행복의 나라로 가네

창밖에 별들이 반짝거린 시간 보이지 않고
기다림과 그리움으로 허해진 마음
남겨진 빈 공간에 내일 다시
뜨거운 포옹으로
사랑 가득 채우리라.

행복

눈 오는 아침
고운 햇살로
행복을 알게 해준
그대 생각하며 눈을 뜹니다

환한 미소로 감싸주고
사랑의 힘이 되는 그대
맑디맑은 샘물처럼
소중한 행복입니다

영원히 채워지지 않는
사랑의 잔에
아픔 녹여
한없이 주는 행복입니다.

3
마음 그대로의 사랑

외롭지 않는 나무

산 속의 겨울나무
혼자서도 외롭지 않습니다

삭풍이 나무를 꼬집고 흔들어도
멀리 멀리서 찾아 온
봄이 있기에 소망 찬 기다림이 있습니다

먹구름이 잎 새 하나 남지 않는
나뭇가지를 괴롭혀도
출렁이는 빛이 있어 웃음이 가득합니다

빈 하늘에 묻어 있는 흔적이
아픈 가슴 시리게 해도
더 높게 날고
더 넓게 뛸 수 있는
은총의 기도가 있어 삶이 풍요롭습니다

차가운 나무 가지에
푸른 행복이 숨 쉬고 있습니다.

별 · 2

산마루 위에 빛나는 별들

떠가는 구름
스쳐가는 바람에
저 별은 나의 별
이 별은 너의 별
노래 부르며
그대 보고 싶어 애태우는 밤

별들의 속삭임 깊숙이 묻어둔
가는 세월의 모진 삶
오는 세월의 은혜 삶
기도하며 지새운 밤

웅크린 슬픈 별들의 노래는
부르지 않으리라
행복한 소망 별들의 언어에
날개를 달아 웃어 주리라.

마음 그대로의 사랑

나는 당신을
가슴 미어지게 사랑합니다

아침햇살이 창문을 두드릴 때
당신은 소리 없이 찾아와
행복한 삶 일구라고 다독거립니다

정적을 쪼개는 작은 공간
아련한 미소가 숨 쉰 책상에서
시가 노래하고
수필이 장단을 치며
당신의 사랑을
오선지에 그려 봅니다

다정한 눈빛으로
내려다본 책꽂이에서
당신이 부른 사랑의 세레나데 찾아
밀려오는 그리움을 달래봅니다

출렁이고 아파했던 삶에서도
당신의 소나무 향기
가슴속 가득히 담고
고운 모습
달콤한 속삭임
그렸다 지웠다하며
행복을 꿈꿉니다

날마다 날마다
내가 사랑을 확인한 것은
당신을 마음 그대로
사랑하고 있기 때문입니다.

봄나물

따스한 숨결에
땅 속의 생명이 터지는 소리
어린 눈빛으로
산과 들판을 바라 본 봄나물들

날카로운 창으로 무장한 두릅
음자리표 고사리 순둥이 달래와 냉이
아낌없이 주는 고들빼기
생존 경쟁에서도 소망을 꿈꾸며
함께 어울린다

예쁜 님 오시면
고소한 된장찌개, 맛 나는 나물되어
꽃보다 짙은 향기로 순정을 바친다

봄나물의 향기는 그대로 인데
세월의 덫은
그 시절의 맛과 추억을 멀리한다.

메밀꽃

푸른 하늘에 흰 구름 날 때
메마른 땅에 하얀 꽃무리 너울

가녀린 연인되어
메밀꽃 필 무렵의
방앗간 사랑 나누고

찾아 온 그대에게
푸짐한 메밀전병
흐늘거린 메밀묵
향긋한 메밀국수 대접해
하얀 웃음으로 살라 하네요

메밀꽃은
담백한 사랑을 하고 있네요.

부모 마음

사랑이 넘치는 계절
감사가 충만한 오월
가족 울타리에
행복 노래 가득하네

천둥치는 빗속
폭풍 치는 벼랑 끝에서도
자식들은 삶의 희망이었고
꿈의 현실이었네

이 다음에
너희들도 아들 딸 낳고 길러 보면
멈춤이 없는 사랑
부모 마음 알리라.

인연

오랜 기다림 속에
향기 가득 품은 꽃으로
찾아오는 나 하나의 사람

따스한 일상 속
삶의 찬가 부르며
해바라기 되어
멈출 수 없는 사랑으로
행복한 마음

할미꽃이 되어서도
행복한 인연은 끝이 없어라.

고독

거친 삶의 광야는 가까이서 멀리서
고독을 바람에 띄워 보냅니다

고독의 소리가 들리면
생각나는 모습이 다가와
살며시 미소 짓습니다

고독이 밀려오면
보고 싶은 그림자가 찾아 와
따스한 품으로 안아 줍니다

고독이 스쳐 가면
그리운 사람은
가슴에 사랑의 교향곡을 남겨줍니다

저녁노을이 물들어간 삶의 여정
보이는 곳, 보이지 않는 자리에서
고독한 방을 채워준
그대는 예쁜 행복이랍니다.

코스모스

가을이 데리고 온 가녀린 소녀들
세상의 꽃을 만들기 전
신이 연습 삼아 만들었던 코스모스

메말라간 햇살
허전한 자리에서
하얀빛 분홍빛 미소로
조용히 행복을 노래하는 순결의 소녀들

옷깃 여민 바람결 가느다란 몸매로
너울 춤추며 꺾이지 않고
가을을 꿈꾸는 순애의 소녀들

그 소녀들
향기로 무늬 진 길을 걸으며
어제의 아픔 잊고
오늘의 행복을 만들어 간다.

사랑 · 2

사랑은
아낌없이 주는 것

사랑은
나에서 너를 위해
우리에서 이웃을 위해
믿음 소망 사랑을
베푸는 것

사랑은
영혼에서 나온 향기.

꽃을 피우리라

내 안에
봄이 오는 소리
꽃냄새 호흡으로 부르는 노래

바람에 흐트러진 마음
강물에 띄어 보내고
개나리 꽃잎
그리움 품은 햇살 되어
가시버시 노래 부르리라

숨 쉬는 동안
사랑의 축복 받으며
영원히 시들지 않는
향기로운 삶
사랑의 꽃을 피우리라.

가족

내 몸에서 나온 뼈요
내 살에서 나온 살이지요

하늘 아래 인연으로
사랑하고 또 사랑해도
사랑이 남아도는
한 가족으로 꿈을 먹고 살지요

욕심과 허영이 넘치는
유혹의 세상에서
가족이란 만남
전생부터 시작된
끊어 버릴 수 없는
인연의 씨앗을 키워
아픔을 기쁨으로
향기 있는 삶으로
행복을 만들어 가지요.

고요

채울 수 없는 욕망
세찬 비바람에 보내고
찾아온 고요
안개에 싸여 아슴푸레한
지친 생각들을
하나씩 떨쳐 버린 고요

그 빈 자리
서리서리 감아서 숨겨둔 사랑
새록새록 솟아난다

그리운 먼 것들이
가까이 다가 오고
가까운 속된 것들이
멀게 느껴질 때
아련한 그리움
시린 마음이 하나가 된다.

사랑의 꽃

한 송이 피어난 꽃
진한 향기로 엮어진 사랑의 꽃

사랑의 꽃향기는
삶에 아낌없이 축복을 쏟아 낸
햇빛이고 숲 속에 신선한 산소

곱고 고운 사랑의 꽃을
피우기 위해
침묵하고 인내하며 기다립니다.

4
산은 말하네

산은 말하네

산은 끝없이
가슴에 품었던 기쁨과 아픔을
보이게 보이지 않게
보듬으며 수많은 시어로 노래하네

산은 소리 없이
많고 많은 꿈을
어린 연두색 젊은 푸른색
익은 황금색 골고루 풀어서
흔들리게 흔들리지 않게
그림을 그리네

산은 숨어서
노래하고 싶었던
산들바람 날 바람
회오리바람으로
가깝게 멀리서
사랑의 세레나데를 부르네

산은 힘겨운 오르막길 주고
바람에 땀 식히며
내려오는 평안 길도 주며
삶의 진리를 알게 하네.

시계

어디서나 문 열고 찾아 온 그대

즐거운 날 고달픈 날에도
짧은 시침 긴 분침은
사랑으로 못 박힌 채
째깍 째깍 희망의 목소리로
찾아 온 그대

어둠이 깔린 밤
시리도록 외로울 때도
잠들지 않고
두 손 합장하며
살포시 찾아와
사랑의 자장가 불러
팔베개 해 준 그대

오늘도 영원을 째깍거리는 숙명의 너와 나.

예쁜 도둑

사랑이 무엇이기에
눈뜨면 빛이 되어
아무도 밟지 않는
마음에 문 열고 들어와
오늘도 기쁨 노래하며
살라고 합니다

눈감으면 실안개로
고요가 숨 쉰 방에
팔베개 되어
내일도 희망 꿈꾸며
잠들라 합니다

사랑은 문 닫아도 찾아와
쉴 날 없이
성가시게 한
예쁜 도둑인가 봅니다.

선인장

텅 빈 불모의 땅에 피는 꽃

삭막한 바람 소리
생명수 잃은 벌판에 뿌리 내려
인고의 세월
아픔의 흔적을 참고 견딘다

푸른 삶 위해 충실한 감정
불같은 열정 쏟아
고통의 가시를 키운다

그 아픔 견디며
찬연한 한 송이 꽃을 피우기 위해.

숲속의 합창

온몸으로 쏟아낸 햇살 등에 업고
노래 부르며 기다리는 숲

초록나무 풀숲의 꽃과 벌레
삶의 굴곡에서
살갗마다 스며든 아픔
어깨를 토닥이며 안아주고
실바람에 기도하는 정겨운 숲

생명 희망 기쁨이 숨쉬고
살아있는 세포마다 넘치는 사랑
마음속에 흐르는
개울 소리가 있는
그 숲에서 행복 노래가 들려온다.

된장국

어둠이 깔리고
바람도 지나가는 산기슭 조그만 집
구수한 된장국 냄새

풋 고추에 어울려진 된장국
시큼한 열무김치에 구수한 보리밥
앉은뱅이 저녁상
온 가족이 나누는 사랑

된장국은
희망과 꿈이 되어
꺼지지 않는 삶의 향기.

비석

낙엽을 밟으며 산에 오른다
마음의 욕심 간 데 없고
사랑으로 사색하며
평화로운 삶을 배운다

가을 산에 누워 삶을 침묵으로
변명하고 싶은 어느 화가의 무덤
비석의 화려한 흔적
더욱 쓸쓸해 보인다

가을 산에 찬바람
푸름 머물고 싶은 나무
노래하던 매미도 떠나고
산자나 죽은 자에게도 스산한 침묵

가을산은 말한다
덧없는 삶을 알게 하고
자연의 섭리에
순응하며 살라한다.

마더 데레사 수녀님

어느 날 가톨릭교회 행사로 피정을 가던 기차 안에서 "거리에 나가 인도의 가난하고 고통 받는 사람들을 돌보라는 신의 목소리"를 들으셨지요. 신앙의 열쇠는 본래 사랑이고 실천이라고 합니다.

힌두교 믿는 인도인들은 데레사 수녀님의 봉사 손길을 선교 활동으로 오해하고 적대시 했지요. 수녀님은 사람들에게 자신의 진정성을 알리기 위해 검은 수녀 복을 벗고 인도의 가장 가난하고 미천한 여인들의 흰색 사리 입고 행동하셨습니다.

데레사 수녀님

수녀님의 헌신적 봉사와 박애는 가톨릭교회를 넘어 더 넓은 의미의 종교 같은 것이었습니다. 가난하고 힘든 사람들과 함께 살고자 설립한 사랑의 선교회는 교황청의 승인과 국제사회의 지원으로 빈민가의 고아들 나환자 알코올 및 마약 중독자 에이즈환자 등을 치료하고 돌봐 사회복귀 시켰습니다.

세계 곳곳으로 펼쳐진 사랑의 선교회 활동은 인정받아 1979년 노벨평화상을 수상했습니다. 수녀님은 1997년 87세로 선종하셨습니다. 죽음을 맞이할 때도 더 좋은 의료 시술을 거부하고 자신이 돌보던 환자들과 똑같이 치료해 줄 것을 원하셨지요.

국가와 민족, 종교와 이념을 초월해 세계는 인류의 참어머니라 불렀고, 교황청은 성녀로 시복했습니다.

데레사 수녀님
사람이 신앙을 갖는다는 것은 무엇을 의미한 것일까요
신앙이란 신께 경건하고 인간에겐 다정해서 외적 고요와 내적 평안을 얻는 것으로
"행함이 없는 신앙은 헛것" 이란 하느님 말씀이 있습니다.
오늘 날 정글의 법칙에서 인간은 타인을 밟고 부와 명예를 쟁취하려 위만 바라보고 살아가고 있습니다.
그러나 수녀님은 허리를 굽혀 섬기는 자는 위를 보지 않는다며 자신의 몸을 가장 낮은 데로 낮추고 사랑을 실천한 분이십니다. 보통 사람이나 종교에 헌신한 사람들조차도 행하기 어려운 자기희생을 모범 보이신 성녀이십니다.

마더 데레사 수녀님
한 때 나는 감히 데레사님을 닮은 수녀가 되겠다고 꿈꾼 적도 있습니다. 하느님은 인간에게 완성에 도달하는 노력을 깨닫게 하기 위해 일부러 미완성을 주셨다고 합니다.

너무 너무나 미완성인 나는 절반의 약속이라도 행하도록 노력하렵니다. 당신의 헌신적 봉사와 박애정신이 빛바래지 않은 겸허한 자세와 작고 순한 꽃향기로 기도하고 실천하며 살아가렵니다.

겨울밤

칼바람 추위
달빛이 다독이는 밤
그리운 사람 가슴으로 들어와
함박눈 되어 잠 못 이루는 밤

별 하나 찬바람에 떨고
기억 속에 남겨진 까만 침묵
꿈 되어 하얀 밤을 지새우네

어둠속 감추어진 고독
뭉게구름으로 덮고
보고 싶은 사람 달빛 되어
시린 마음 덥혀 주네.

그대

눈 뜨면 햇빛 쏟아지는 창가
무지개 빛깔 작은 미소

추운 겨울 밤
함께 걷는 다정한 달빛

하얗게 지새우며
애 끓는 밤하늘의 별 하나

그리움의 끝에서
고통이 빚어 낸 행복.

그리움

햇살이 밤이면
별이 되어 쏟아지며
추억을 만들고

달빛은 부서져
무지개로
가슴에 남고

그리움이
사라질까 봐
가슴 속 깊이 넣어둔다.

이방인

어둠 속에 묻혀버린
고독한 삶은
거울 밖의 시간

지나간 세월은
흐느끼는 바람 되어
차가운 별을 줍고

외로움에 지치고
쉴 곳 없어
서성거리는 이방인.

그 이름

소나무 향기로
마음의 창을 두드립니다

그립고 보고 싶을 때
언제라도 꺼내 볼 수 있는
예쁜 이름 하나
마음에 달고 걸어갑니다

휘청대는 하루
깊은 목마름 시간에도
그 이름
조용히 불러 봅니다.

마음속에 피는 꽃

바람소리에 푸른 하늘이 깨어나고
작은 꽃 미소가 젖은 가슴 어루만져주고

아무나 느낄 수 있는 진한 향기보다
나만이 느끼며 오래도록 지워지지 않는
은은한 향기

누구나 좋아하는 화사한 꽃이 아니어도
내 곁에 오래 머물고 있는
작은 꽃

시간 저 너머 공간
마음속에 피는 꽃.

5
희망

너를 사랑한다

가는 날
구겨진 인생 아픈 추억을
거침없이 몰고 와
하이얀 불꽃
성난 아우성으로
태우고 부셔버린
용기 있는 바다
너를 사랑한다

오는 날
소망 찬 인생 예쁜 꿈을
조용히 잉태시키며
푸른 수평선에
갈매기 날게 하고
하얀 돛단배 띄우는
지혜 있는 바다
너를 사랑한다.

희망

삶이 공허하고
힘이 빠질 때
그윽한 눈길로
웃어 주던 너

하루가 고통스럽고
눈물 흘릴 때
조용한 노래로
반겨 주던 너

미래가 어둡고
가야할 지도
나침판이 없을 때도
꿈을 찾게 해준 너

네 품안에 영원히 깨어 있고 싶다
살아 있는 희망이여.

어머니의 밥상

해 저물어
산 그림자 사뿐히 깔고
집마다 내뿜는 굴뚝 연기

까만 가마솥 태워진
마른 솔잎 향기
오곡들이 녹록한 보리밥
막춤 추며 익어 간 밥

가난한 밥상
된장국 김치
수저 부딪치는 소리
허기진 배 행복해 하는
식구 먹이려 서두는
어머니의 손맛

세월의 흐름 속
따끈한 숭늉 향기
코끝에 사랑으로 간질이는
어머니의 밥상.

영혼의 흔적

찬 서리 내리는 아침
이슬 젖은 낙엽
생을 잃어버린
말 못하는 무덤

한생의 흔적
흙빛의 차디찬 침묵
애절한 풀벌레 소리
자장가 삼아 누워있는 영혼

해 저문 들녘에
말없이 누워있는 볏단처럼
죽어서야 다시 사는
영원의 의미를 새기고
죽음 너머의 세상은 미지의 세계

평화롭게 잠들어 있는
영혼의 흔적.

봄비

봄비가 내린다

겨우내 침묵했던
앙상한 나무
메마른 풀
목마른 벌레 동물들도
들리지 않은 울림에
기지개 편다

연초록 빛 세상
울긋불긋 꽃 대궐
희망의 찬가를 부른다

질곡 된 삶의 여정
아린 가슴에
그림자 흘려보내고
믿음 소망 사랑이 가득한
푸르디푸른 이파리
예쁜 웃음꽃으로
피어나게 하리라.

분꽃

한 모퉁이에 말없이 누군가 기다리는 소녀가 있습니다. 낮에는 고개 숙이고 입 다물어 벌과 나비도 부르지 못한 수줍음 많은 소녀, 밤이면 고개 들어 얼굴에 분바르고 예쁜 입으로 별들과 노래 부른 슬픈 전설의 꽃입니다. 어느 옛날 가난한 어머니는 얼굴에 분바르고 색동옷 입고 싶다는 하나뿐인 딸의 소망을 위해 길을 나섰습니다. 멀고 험한 산길을 떠난 어머니는 돌아오지 않았고 딸도 죽었습니다. 마을 사람들은 어머니도 잃고 기다리다 지쳐 죽은 불쌍한 소녀를 따스한 뒷동산에 묻어 주었습니다.

이듬해 여름철에 소녀의 무덤에 꽃이 피었습니다. 화사하지는 않지만 예쁘고, 매혹적이지는 않지만 은은한 향기로 몸짓하는 그 꽃을 분꽃이라고 불렀습니다. 오늘 밤도 분꽃은 까만 씨알로 흰 분가루 익혀 별빛으로 만난 그대 얼굴에 발라 줍니다.

허구프다

초록의 아픔이
낙엽 되어 떨어질 때
하늘이 주고 간 슬픈 이별
시작과 끝이 없는 침묵
소낙비 눈물 되어
온 몸을 적신다

세월이 가져다주는 삶 속에
채우고 비우는 지상 순례자의 길
깨달음의 지혜로
시간의 공간만큼
충만 된 십자가를 끌어안고
슬기롭게 살아가는
은총의 삶.

기도 · 2

어둠 속 삶의 항아리
촛불로 밝히고

겸손의 빛 켜는 마음
성실을 무기로
깨어있는 슬기로 살며

지난 환상의 아픔은
용기와 지혜의 은총으로 극복하며

흰 구름 사이
희망의 푸른빛을 위해 기도합니다.

사랑 · 3

생각만 해도
두근거리는 사람과
재스민 향기 차를 마시고
옆에만 있어도
가슴 설레는 사람과
레드와인을 마신다

바라만 보아도
기쁨이 되는 사람과
사랑노래 부르며
영혼의 항아리 속에 갇히고 싶다.

하루를 열며

양산을 쓴 햇살
채에 걸러낸 바람이
창문을 두드리고

밝은 미소는
그리운 얼굴로
건반 두드리고

희망의 노래는
사랑하는 사람에게
안개꽃 한 아름 안기는 시간.

기다림

한겨울 땅 속 생명은
봄을 기다리고
화려한 꽃송이는
나비를 기다립니다

좋은 사람의 기다림은
슬픔을 기쁨으로
절망에서 희망 찾는
어둠속 빛이 랍니다

기다림은
행복의 순간들입니다.

노부부

평화로운 호수
다정한 오리 한 쌍
노란 세월 주름살에 버무려
허공에 은빛으로 빛나는
무지개 시절
꿈을 마시고 있네

삶의 무게
고운 별 하나 가슴에 묻고
사랑의 포물선
그리며 살아왔네

오늘도
내일의 행복을
찾아가는 길이라며
환한 미소 짓고 있네.

내 한 몸의 보물들

매일 매일의 삶 속에서
한 몸에 감사해요

두 눈은 보고 싶은 얼굴
밝고 어두운 세상을 볼 수 있고
두 귀는 그리운 목소리
감미로운 노래들을 수 있게 해요
두 손은 좋은 사람 만질 수 있고
바삐 바삐 하고 싶은 일하며
두 발은 사랑하는 사람 곁으로
가고 싶은 곳을 향해 뛸 수 있게 해요
머리 가슴은 이성과 감성을 갖고
기쁨과 슬픔으로 두근거리며

날마다 건강하게 기다리며
반겨 주는 보물들
행복한 삶의 근원이랍니다.

설날

오늘은 기쁜 날
세뱃돈에 함박웃음
주는 즐거움
받는 기쁨
온 가족의 날

오늘은 즐거운 날
달덩이 손자 손녀 보며
온 가족이 웃음 꽃 피우며
정을 쌓는 날

오늘은 행복한 날
까치도 창 넘어 한 식구 되어
웃으며 함께하는 날

오늘은 사랑으로
나이 먹으며
모두가 하나 되는 날.

봄 바람

보이지 않는 인내로 기다린 나무
푸르게 잎새 피워 마음을 열며

산마루 걸터앉은 햇살
꽃잎으로 곱게 단장하고

아지랑이 들길
연초록으로 웃으며

작은 사랑 감추지 못한 무지개
창가에 띄우고

아련히 가슴 파고드는 산들 바람
풀꽃 향기에 그리움을 실어 보낸다.

작품해설

따스한 삶의 노래

따스한 삶의 노래

조 영 갑(시인 · 수필가 · 교수)

1

인생은 흘러가는 것이 아니라 자기 자신을 발견하고, 추억으로 채워 노래하는 것이다.

하택례 시인은 치열한 삶의 현장과 자연의 섭리 속에서 얻어진 시의 소재를 찾아 아름다운 언어로 채색하여 추억과 꿈을 노래하고 있다.

특히 현대시가 어려운 시어로 모호하고 난해져서 이해가 곤란하고, 감성을 어렵게 하고 있다. 그렇지만 하시인은 서정의 바탕 위에서 일상의 예쁜 시어와 운률로 일관된 심성을 갖고 인생의 행복, 기쁨, 아픔, 외로움, 그리움, 사랑, 희망을 노래하여 잔잔한 감동을 준다.

2

시인은 인생을 자신이 발견하고 일궈가는 길이며 황홀한 감옥이라고 했다.

인생은 짧고 곧 지나가기 때문에 훌륭한 인생을 만들기 위해 날마다 최선을 다해 살아 간 것인데, 다음 시에서 그 대로 나타나 있다.

> 인생은 자신의 각본대로
> 연출도 하고 주연도 하는
> 단 한 번의 공연장
>
> 불확실의 시대에
> 확실한 삶을 위해
> 스스로 채찍질하며
> 걷고 뛰는 전쟁터
>
> 누구에게도 책임 전가할 수 없는
> 의지로 일궈 낸 열정의 결과물이기에

더 이상 여백 없이
써내려간 백지 한 장

인생은 삶의 고통과 성취감의
황홀한 감옥.

— 〈인생〉

이 시는 인생론적인 삶의 변화를 말하고 있다.

인생이란 고뇌하면서 자신의 각본에 따라 주연하는 단 한 번의 공연장이라 하며, 불확실 상황에서 확실한 삶을 얻기 위해 걷고 뛰는 전쟁터라고 했다.

그 누구에게도 삶의 책임을 전가할 수 없는 결과물로써, 조그마한 여백도 없이 써 내려간 한 장의 백지라고도 했다.

인생은 끊임없이 도전하고 전진한 삶으로써, 풍파 없는 단조로운 항해는 있을 수 없는 것이다. 그래서 시인은 고난 속에 인생의 기쁨과 행복을 느낄 수 있기에 차라리 인생을 고통과 성취감을 동시에 얻는 황홀한 감옥인가라고 노래 부르지 않았을까?

그런가 하면 인생을 삶의 흔적이 남긴 길로 비유해 노래하고 있다.

어린 청춘이 마구 뛰놀 때

흰 구름에 꿈 띄우고
행운을 물고 올
강남 갔던 제비 기다리며
워낭 소리에 가난이 숨 쉰
논두렁 밭두렁 길이었네

불타는 청춘이 숨차게 떨 때
치열한 삶의 광장에서
욕심이 얻는 희열도
회색빛깔의 아픔도 있었던
검은 아스팔트길이었네

오래된 청춘이 노을 진 햇살에
무거운 짐 내려놓고
감사기도 드리며
어느 숲 속에서 찾은
무늬 고운 새와 함께
부르고 싶은 노래
춤추고 싶었던 몸짓으로
향기 가득한 오솔길을 걷네

— 〈길〉

인생의 봄 같은 어린 시절에는 떠가는 흰 구름, 스쳐가는 바람결에도 가슴이 뛰고, 사랑향기 날리는 희망이 숨 쉰 논두렁 밭두렁 길이라 했다.

인생의 여름 같은 청춘시절에는 치열한 삶의 광장에서 얻어진 기쁨도, 삶과 죽음의 경계선에서 슬프디 슬픈 아픔도 체험했던 검은 아스팔트길이라고 표현했다.

인생의 가을인 오래된 청춘시절에서는 무거운 짐 내려놓고 감사드리며, 어느 숲 속에서 만난 한 마리의 새와 함께 노래 부르며, 사랑의 향기 가득한 여유로운 오솔길을 걷는 행복을 노래하고 있다.

여기 숲 속에서 찾은 한 마리의 새는 산새일 수도 있고, 좋은 사람일 수도 있고, 혹은 다정한 친구나 어떤 사물일 수도 있다. 누구나 추구하는 행복함은 그 새의 만남으로 삶의 의미를 찾고, 새로운 희망을 노래할 수 있다는 것이다.

그리고 인생의 겨울철로 영원한 쉼표로 끝나는 생애는 비석이란 시에서 다시 말하고 있다.

어디 그 뿐인가?

시인은 멋진 삶을 위한 방법도 이야기하고 있다.

바쁜 삶 속에서 추억을 갖지 못한 사람은 영원히 어른이 될 수 없다는 말도 있는데, 멋진 삶이란 무엇인지 살펴보기로 한다.

아름다운 삶은
할 수 없다는 아쉬운 포기보다는
할 수 있지만 비우는 마음으로
내려놓을 수 있는
깊이 성찰한 마음이라네

영원한 삶은
욕심 부리며 마구 사는 것이 아니라
하고픈 일할 때 기쁨
가고픈 길 갈 때 행복
가득한 시간이라네

멋진 삶은
비어 있는 공간을
사랑과 감사함으로 채워가며
오늘을 마지막처럼 사는 것이라네.

—〈멋진 삶〉

이 시는 삶 속에서 얻어진 달고 쓴 맛을 보듬고 추억하며, 조금씩 내려놓으며 성찰하는 마음,자유스런 시간을 갖고 하고픈 일하며 평안이 의미 있는 삶을 추구하는 것이라 했다.

아침에는 생각하고, 낮에는 행동하고, 저녁에는 먹고, 밤에는 잠드는 일상의 바쁨 속에서도 자신의 지혜로운 삶을 살며, 비어 있는 공간을 허망한 욕심만으로 채우지 않고, 사랑과 감사함으로 채워가는 소망스러운 삶일 것이다.

3

시인은 해 달 별 이야기를 많이 하고 있다.

옛날 선인들은 아침에 일어나 하늘을 쳐다보고 천문을 읽고, 땅을 보며 지리를 알았다고 한다. 해는 아침에 떴다가 저녁에 지지만, 지구 공전에 따라 밤낮의 길이가 변하고, 봄 여름 가을 겨울이 철 따라 바뀌는 자연현상을 인생의 기쁨과 슬픔, 희망과 사랑의 대상으로 표현했다.

낮에 뜨는 햇살은 꿈과 갈망으로, 밤하늘에 떠 있는 달은 죽어있는 영생하는 삶의 상징화로,별은 수많은 사랑과 전설을 낳고 있다.

윤동주 시인은 "별을 노래하는 마음으로 모두 죽어가는 것을 사랑해야지...

오늘 밤에도 별이 바람에 스치운다"라고 했다.

또한 별 하나에 추억, 사랑, 외로움, 그리움, 어머니, 시를 노래하며 별을 헤는 밤을 지새웠다.

하택례 시인도 별빛으로 만난 그대를 비롯해 여러 별들을 노래하고 있는데, 그 대표적인 시에서도 잘 나타나 있다.

마음 깊이 새겨진 언어의 집을 짓기 위해
밤하늘 영롱한 별빛으로 만난 그대

수많은 별들의 속삭임
알 수 없는 바람소리는
내 마음속에
보이지 않은 언어가 되어
선잠 풋잠 토막잠 속에
그대와 함께 향기 피우며
도란도란 시로 수놓는 밤

소중한 인연
언어의 집을 함께 지어가는 행복한 순간
살며시 펴면 멀리 날아 갈까봐
오늘도
손에 꼭 쥐어봅니다.

—〈별빛으로 만난 그대〉

별들이 노니는 공간

청명한 밤하늘
펼쳐 흐른 은하수
견우와 직녀가
칠월 칠석 날 만나고
다시 헤어진다는
애달픈 사랑의 노래

꿈 많은 소녀의 마음
마구 흔들었던 아련함
별빛으로 만난 그대 이야기
또 하나의 전설이 되리라.

— 〈별 · 1〉

하 시인은 모두가 잠든 밤하늘에 별빛이 되어 사랑의 언어로, 행복의 언어로 함께 집짓고 싶은 사람과 향기 가득한 밀어를 나누고 있다.

혹시나 너무나 소중한 인연, 행복한 순간이 날아갈까 봐 오늘도 손에 꼭 쥐어 본다고 했고. 별에서는 은하수와 견우직녀의 아름다운 사랑 이야기도 하면서, 또 하나의 꿈과 운명의 별이 되어 전설로 빛나겠노라고 했다.

4

하 시인은 고향의 부모 형제 친구들에 대한 사랑과 추억에 대한 각별한 애정을 갖고 노래하고 있다.

나도 모르게 가슴 저 밑바닥에 묻어 두었던 향수가 아지랑이처럼 모락모락 피어오른다.

맨발로 뛰어나와 아들딸을 반겼던 고향집 부모 형제와 다정한 친구들의 포근함을 그리워 하며눈을 지그시 감아 본다.

저만치 잊혀진
아버지의 호통
어머니의 자장가
정답던 음성들이
빗속에 걸어오네

무심히 흘려버린
형제들의 이야기
철없이 다투고
함박꽃 웃음으로
장난쳤던 기억들이
빗방울 되어 노래하네

오늘도, 보이지 않는 음성들
잡히지 않는 추억들
내 마음 울렁거리게 하네.

— 〈빗방울의 추억〉

두 아들 상급학교 진학 시키고
딸까지 보내기 버거워
입학시험 보던 날 미역국 끓여주신
미끄러지길 바란 하얀 마음
김이 되어 오른다

합격통지 받던 날
눈시울 적시던 모습
눈앞에 어른거린다

촛불에 희망 켜고
손 모아 자식들 잘 되기를
기도하신 어머니
가난한 삶속에서
참 사랑과 희생 한 솥 끓이셨다

어머니의 미역국은 뜨거운 삶,

내일의 소망을 여는 대문이었다.

— 〈미역국〉

1950년대와 1960년대의 한국은 보릿고개 가난으로 도시 농촌 모두가 못 먹고 못사는 사회였다. 그러나 가정적으로는 부모와 자식 간에 사랑과 우애는 영구적이고 무조건적이었으며, 내일은 잘 살 수 있다는 희망이 가득해 어느 때보다도 예쁘고 건강한 관계였다. 그러기에 시인은 저 만치 잊혀진 아버지의 호통과 어머니의 잔소리도 자장가로 추억되고, 여러 형제들 간에 철없이 다투고 토닥거렸던 기억들조차도 그리워하고 있지 않을까 생각해 본다.

그뿐인가? 어머니의 미역국은 인생의 새로운 각오와 희망을 불러일으킨 원동력이 되었다.

그 시절에 부모님들은 아들 교육 잘 시켜 가난을 넘어, 가정을 일으킨다는 인식이 보편화되었기 때문에 딸은 초등교육이나 시켜 가정일이나 충실히 가르쳐 시집이나 보내는 것이었다. 그렇지만 시인은 두 오빠들이 상급학교에 진학함에 따라 자신도 상급학교로 진학해 꿈을 이루기를 갈망했다.

어머니는 넉넉지 못한 살림살이에 꿈 많고 재능 있는 딸을 상급학교에 진학시키는 것이 버거웠다. 어머니는 어쩔 수 없이 입학시험은 치게 했지만, 입학시험 보는 아침에 미역국을 끓여 주며 미끄러지기를 아픈 마음으로 바랬다. 그렇지만 아름다운 욕심꾸러기 딸이합격통지서를 받는 날에 어머니는 손을 잡고 눈물을 흘리셨다. 어머니의 미역국은 더욱 단단한 삶에 원동력이 되었다. 인생길에서 논두렁 밭두렁 걸으며 꾸었던 꿈을 현실화시키는 자극제가 되어 오늘은 자신의 삶을 품고 노래하는 시인 수필가가 된 것이다.

그리고 다시 시인은 어느 날 자신의 정화된 마음과 신앙적 고백을 표출시킨다.

마더 데레사 수녀님

한 때 나는 감히 데레사님을 닮은 수녀가 되겠다고 꿈꾼 적도 있습니다. 하느님은 인간에게 완성에 도달하는 노력을 깨닫게 하기 위해 일부러 미완성을 주셨다고 합니다.

너무 너무나 미완성인 나는 절반의 약속이라도 행하도록 노력하렵니다. 당신의 헌신적 봉사와 박애정신이 빛바래지 않은 겸허한 자세와 작고 순한 꽃향기로 기도하고 실천하며 살아가렵니다.

— 〈마더 데레사님〉

세상을 살아 온 길목에서도 당신의 사랑을 알지 못하고 헤매기도 했습니다.

좋은 날 힘든 날 더 큰 성공을 위해, 더 많은 부를 얻기 위해 이웃들과 갈등하고 부딪치며, 미워하고 아파하며 베풀지 못하고 살았습니다. 그 뿐만 아닙니다. 그것은 내 탓이 아니라 전부 남의 탓으로 돌리며 불평했습니다.

사랑이 많으신 주님.

그 것은 내 탓이었습니다. 그 것은 나에게 사랑이 없었기 때문이었습니다.

당신의 사랑이 가득 찬 마음과 배려로 작은 희망의 씨앗을, 슬픔을 삭이는 용기를, 아픔을 치유하는 향기로 미소 짓고 진실한 말 한 마디 건네며 더불어 함께 살게 하여 주시옵소서.

존귀하신 주님.
하늘의 문을 열고
축복의 응답을 내려 주시옵소서.

— 〈기도〉

하택례 시인은 마더 데레사 같은 수녀님이 되어 하느님의 뜻에 따라 사랑으로 봉사하며 살아가겠노라고 소망도 가졌지만, 새파란 꿈과 녹록지 못한 현실로 포기하고, 보통사람들의 삶 속에서도 그 마음에 충실하려는 노력도 가득하다.

그리고 지난날의 삶 속에 쌓여진 아쉬운 흔적들은 남의 탓이 아니라 사랑이 부족했던 내 탓이라는 순수성 성실성은 시인의 예쁜 마음을 다시 훔쳐 보게 한다.

5

하택례 시인은 산의 고요한 침묵과 바다의 파도에 대한 노래를 많이 부르고 있다.

그만큼 시인은 산과 바다가 부른 봄 여름 가을 겨울의 변화, 그리고 바람 구름 파도 나무 꽃 풀들과 무언의 대화에서 인생의 사랑 기쁨 슬픔 희망 아픔에 대한 지혜와 용기를 얻어 삶을 재충전했으리라 생각된다.

그것은 자연의 현상과 자신의 이상을 조화롭게 결합시킨 시적 언어로 잘 드러내고 있다.

산은 끝없이
가슴에 품었던 기쁨과 아픔을
보이게 보이지 않게
보듬으며 수많은 시어로 노래하네

산은 소리 없이
많고 많은 꿈을
어린 연두색 젊은 푸른색

익은 황금색 골고루 풀어서
흔들리게 흔들리지 않게
그림을 그리네

산은 숨어서
노래하고 싶었던
산들바람 날 바람
회오리바람으로
가깝게 멀리서
사랑의 세레나데를 부르네

산은 힘겨운 오르막길 주고
바람에 땀 식히며
내려오는 평안 길도 주며
삶의 진리를 알게 하네.

—〈산은 말하네〉

또한 산은 말하네에서 산은 삶의 여정에서 품었던 기쁨과 아픔을 안아 주고, 흔들리지 않게 삶의 그림을 그리게 했다고 고백하고 있다.

즉 산은 힘겹게 올라 간 그만큼의 거리를 신선한 바람에 땀을 식히며 평안하게 내려 올 수 있는 삶의 진리를 깨닫게 해준

다고 노래하고 있다.

한편으로 아침바다에서는 삶의 도전을 노래하고 있다.

지난 날 아픈 상처
몰래 멍든 가슴
어둠에 부셔버리고
찬연한 아침을 여는
하얀 파도

수평선을 가르며
붉은 소망 담고
하얗게 춤추며
다시 일어서는
부활의 바다

내 영혼을
일깨워 준 아침 바다
너를 사랑한다.

—〈아침 바다〉

하택례 시인은 아침 바다에서 지난날 알게 모르게 멍든 슬픔과 아픔을 파도에 부셔버리고, 수평선 너머에 밀려오는 새

소망을 불러 일으켜 준 바다를 사랑하고 있다.

이와 같이 산과 바다는 가깝게 혹은 멀리서 도전적인 삶에 지혜와 용기를 주고, 사랑의 노래 부르며 행복하라고 말한다.

그 뿐만 아니라 시인은 안개꽃에 비유해서 맑은 마음과 사랑의 노래를 읊었다.

하얀 안개꽃으로
살게 하소서

어두운 세상 절망의 시간
세찬 바람이 불 때마다
보이지 않는 흔들림
밝은 마음 은혜의 기도로
기쁜 삶의 꽃 피우게 하소서

말없이 떠다닌 세월
가슴 저린 순간
사랑이 목마를 때마다
겹겹이 쌓인 그리움
살랑 거린 바람 되어
그대 가슴 속
꿈꾸는 예쁜 꽃으로

어우러져 살게 하소서.

—〈안개꽃〉

안개꽃은 장미꽃처럼 화사하지는 않지만 다른 꽃을 돋보이게 만들어준 역할로 희생하고 봉사할 줄 아는 맑고 순수한 마음과 사랑의 성공이란 꽃말을 갖고 있다.

시인은 캄캄하고 절망된 순간에도 인내와 용기로 아름다운 마음과 사랑을 나누며 살고 싶어서 안개꽃 시를 썼을 것이다.

6

미국 H. W. 롱펠로우 시인은… 인생은 춥고 어둡고 음산한데 ... 비는 오고 바람은 멎지 않는데 ...슬픔 마음이여, 불평하지 말라, ...구름 뒤엔 태양이 빛나고 있거늘... 이라며 희망의 위대함을 말했다.

시인도 희망이란 시에서 어떤 기쁨과 아픔 속에서도 결코 새로운 도전과 희망을 잊지말라고 했는데, 다음 시는 그런 분위기를 잘 나타내고 있다.

삶이 공허하고
힘이 빠질 때

그윽한 눈길로
웃어 주던 너

하루가 고통스럽고
눈물 흘릴 때
조용한 노래로
반겨 주던 너

미래가 어둡고
가야할 지도
나침판이 없을 때도
꿈을 찾게 해준 너

네 품안에 영원히 깨어 있고 싶다
살아 있는 희망이여.

—〈희망〉

하 시인은 희망을 통해서 삶이 아무리 고달프고 슬퍼도, 미래가 어두워 가야할 지도도 없고 방향을 찾는 나침판이 없을지라도 태양이 빛나고 별빛이 반짝이는 한 희망의 품안에서 살아가겠노라고 노래하고 있다.

희망은 삶에 강한 용기를 주고 새로운 의지를 품게 하여, 인생에게 기쁨과 행복을 줄 수 있는 마지막 보상이기 때문이다.

그래서 하 시인은 긍정적인 삶의 만족과 행복의 원초가 된 희망을 절망보다 슬픔보다 강한 최고의 선물이라고 노래했을 것이다.

7

이와 같이 하택례 시인은 별빛으로 만난 행복에서 향기로운 삶의 의지와 아름다운 서정적인 언어로 사랑과 인생을 노래하고 있다.

참다운 인생의 꽃을 피우기 위해서는 반드시 햇빛만 필요한 것이 아니라, 어둠과 같은 삶의 흔적과 화해해서 인생은 살 만한 가치가 있다는 것을 생활 속에 시어로 다가와 눈 보다 마음으로 감동케 하고 있다.

하루하루의 삶이 나를 속일 지라도 슬퍼하거나 노하지 않고, 행복은 희망에 의해서

일궈진다는 하택례 시인의 노래 속에서, 많은 독자들은 위로 받고 치유되어 삶에 행복의 향기가 가득하리라.

하택례 시집_ 별빛으로 만난 행복

초판 인쇄 | 2015년 11월 15일
초판 발행 | 2015년 11월 20일

—

지 은 이 | 하택례
회 장 | 서정환
발 행 인 | 정종명
편집주간 | 차윤옥

—

펴낸곳 | 도서출판 계간문예
주소 | 03131 서울 종로구 삼일대로 32길 36 운현신화타워 305호
편집부 | 03132 서울 종로구 삼일대로 30길 21 종로오피스텔 808호
전화 | 02-3675-5633, 070-8806-4052
팩스 | 02-766-4052
이메일 | munin5633@naver.com
등록 | 2005년 3월 9일 제300-2005-34호
ISBN 978-89-6554-131-8 04810
ISBN 978-89-6554-118-9 (세트)

—

값 10,000원

—